Dein Baby im ersten Lebensjahr

Die wichtigsten Infos über die vier Grundbedürfnisse:

Schlaf, Nähe, Schreien, Nahrung

© 2019 Melanie Schüer

Herausgeber: ElternLeben.de
Buchsatz und Layout: Online-Buchsatz von tredition

Verlag & Druck: tredition GmbH, Halenreie 40-44,
22359 Hamburg

ISBN
Paperback: 978-3-7497-3544-0
Hardcover: 978-3-7497-3545-7
E-Book: 978-3-7497-3546-4

ÜBER ELTERNLEBEN.DE

ElternLeben.de ist ein digitales Angebot für alle Mütter und Väter. Die Online-Plattform begleitet Eltern in den verschiedenen Phasen von der Schwangerschaft bis zum Teenageralter ihrer Kinder. Sie bietet einen großen **Wissens-Bereich** („Elternwissen"), der Artikel, Tipps, Interviews, Videos und vieles mehr verfügbar macht. Diese Inhalte werden von Experten aus unterschiedlichen Fachrichtungen verfasst. Hier fließt Expertise und Erfahrungswissen zusammen. In der **Online-Beratung** werden Eltern zu allen Eltern-Themen von Fachleuten schnell und professionell beraten. Der Bereich **Angebote vor Ort** verbindet Eltern mit lokalen Angeboten (Kurse, Beratung etc.) ganz in ihrer Nähe. Eine **Community** und der Aufbau des Bereichs **Häufig gestellte Elternfragen** runden das Gesamtangebot der Plattform ab. **www.elternleben.de** ist ein digitales Angebot der gemeinnützigen wellcome gGmbH mit Hauptsitz in Hamburg. Der Erlös der Handbücher kommt ausnahmslos der gemeinnützigen Arbeit zugute.

ÜBER DIE AUTORIN

Melanie Schüer ist Expertin für Fragen rund **um Schwangerschaft, Schrei- und Schlafprobleme sowie das Kita-Alter**. Für ElternLeben.de schreibt sie Inhalte für den **Wissens-Bereich** („Elternwissen") und berät Eltern in der persönlichen Online-Beratung. Sie ist Autorin verschiedener Fachbücher und Kinder- und Jugendlichenpsychotherapeutin. Sie ist Mutter von zwei Kindern.

LIEBE ELTERN,

gerade beim ersten Kind ist es gar nicht so einfach zu erkennen, was das Baby braucht. Ist dein Baby müde? Oder hat es doch schon wieder Hunger?

Hier findest du eine Übersicht über die wichtigsten Bedürfnisse von Babys in den jeweiligen Altersstufen. Wir beschränken uns dabei auf die wichtigsten Bedürfnisse und Signale: **Schlaf Nähe – Schreien – Nahrung**

0 – 4 WOCHEN | SCHLAF

Nach der Geburt sind die meisten Säuglinge sehr müde und erschöpft. Daher solltest du deinem Liebling möglichst viel Ruhe gönnen – lass' dein Kind also so viel schlafen, wie es möchte. Nur selten müssen Babys zum Füttern geweckt werden; das sollten eher Ausnahmen bleiben. Vermeide zu viel Besuch und Trubel, denn das verhindert oft die nötige Erholung für Mutter und Kind.

- Neugeborene brauchen meist nach ca. einer Stunde Wachzeit wieder ein Schläfchen – ziehe dich dann mit deinem Kind zurück und schau, ob es entweder im Bettchen oder auf dem Arm zu Ruhe kommt. In diesem Alter ist es auch ganz normal, dass Babys an der Brust oder Flasche einschlafen und viel Nähe brauchen, um in den Schlaf zu finden.

- In den ersten 2-4 Wochen ist es meist sinnvoll, das Kind tagsüber im Hellen schlafen zu lassen, damit es sich langsam an Tag und Nacht gewöhnen kann. Wenn es aber dann tagsüber kaum zur Ruhe kommt, dunkle den Raum am besten auch zwischendurch tagsüber ab, damit dein Baby genügend Schlaf bekommt.

- Oft schlafen Neugeborene selbst ein, wenn sie müde sind, es gibt aber auch Ausnahmen. Wenn dein Baby also von sich aus sehr lange am Stück wach ist, dann versuche, ihm zu regelmäßigen Nickerchen zu verhelfen.

- Wenn dein Baby Probleme hat, einzuschlafen, können Pucksäcke oder Babyhörnchen Halt geben und auch Tragehilfen und Federwiegen sind oft sehr hilfreich.

- Typische Müdigkeitsanzeichen sind z.B.: Augen reiben, starrer Blick, glasige Augen, Kopf wegdrehen, quengeln, ruckartige Bewegungen.

Im Wochenbett ist ganz viel Kuscheln angesagt! Nimm' dir viel Zeit, um dein Baby auf deinem Bauch zu haben und mit ihm zu schmusen. Auch kleine gemeinsame Nickerchen im Bett sind erholsam und tun dem Nähebedürfnis des Babys gut.

- Sobald du selbst wieder gut laufen kannst, sind auch kleine Spaziergänge mit einem Tragetuch oder einer passenden Tragehilfe sinnvoll. Natürlich ist auch der Kinderwagen okay, aber Babys lieben es, getragen zu werden und das Tragen fördert die gesamte Entwicklung. Deshalb ist es super, wenn man sein Baby häufig trägt, zumindest aber ein- bis zweimal am Tag. Wünsche dir zur Geburt eine Trageberatung. Trageberaterinnen können dir helfen, die passende Tragehilfe für euch zu finden.

- Auch schon in diesem Alter genießen es Babys, wenn die Eltern mit ihnen sprechen, etwas vorsingen, mit ihren Füßen spielen oder sie massieren. Achte auf ein gutes Gleichgewicht zwischen „Action" und Ruhe: Am besten wechseln sich kurze Aktionen wie Gespräche, Massagen, Lieder (ca. 5 Minuten) mit ruhigeren Aktivitäten wie Kuscheln und Tragen ab.

- Und baue immer wieder Phasen ein, in denen dein Baby ganz in Ruhe auf einer Decke oder im Stubenwagen liegt und einfach mal „beobachten" kann, ohne angesprochen oder belustigt zu werden.

Langanhaltendes Schreien belastet viele Eltern. Was können die Gründe dafür sein und was kannst du tun?

- Grundsätzlich gilt: Die Verdauung muss sich erst einmal einspielen; außerdem müssen Babys die Geburt verarbeiten und sich an die völlig neue Umgebung gewöhnen. Das führt oft zu Schreiphasen, die meistens ab dem Alter von 2-4 Wochen beginnen, mit ca. 6 Wochen am schlimmsten sind und dann bis zur 12 Woche in der Regel wieder langsam weniger werden.

- Da Neugeborene einen sehr kleinen Magen haben, kommen sie meist mit kleineren, dafür häufigeren Mahlzeiten besser klar. Es empfiehlt sich also, Neugeborenen etwa alle zwei Stunden Muttermilch oder Premilch anzubieten – phasenweise kann das Baby auch noch öfter Hunger haben. Experten empfehlen, sich nach dem Bedürfnis des Babys zu richten – also Stillen nach Bedarf und auch Premilch erfordert keine Mindestabstände.

- Gönne deinem Baby Ruhe: oft sind Babys dann besonders unruhig, wenn sie von zu vielen Eindrücken ihrer Umgebung überfordert werden. Laute Geräusche, Fernseher und viel Trubel können zu viel Stress für dein Baby bedeuten.

- Wenn du keinen Grund für das Schreien findest, kann es sein, dass dein Baby das Weinen im Arm der Eltern braucht, um Stress abzubauen oder die Geburt zu verarbeiten. Halte dein Kind dann liebevoll fest, lege ihm eine Hand sanft auf die Brust und erlaube ihm, zu weinen: „Es ist okay, wenn du weinen musst. Ich bin bei dir und höre dir zu."

- Keinesfalls solltest du dein Baby schütteln, damit es ruhig wird. Schütteln ist lebensgefährlich: Wenn du selbst von der Lautstärke gestresst wirst, kannst du dir mit Ohrenstöpseln behelfen, um nicht die Fassung zu verlieren. Es ist wichtig, dass du selbst möglichst ruhig bleibst, um deinem Kind Sicherheit zu vermitteln. Hilfreich ist dazu auch die Bauchatmung: Tief in den Bauch einatmen, dabei im Kopf bis fünf zählen, dann wieder ausatmen und dabei im Kopf bis sieben zählen.

- Wechsele dich besonders in den Schreiphasen mit der Betreuung des Babys ab, damit du wieder Kraft schöpfen kannst.

- Wenn dein Baby häufig und lange weint, solltest du dir Hilfe holen. Für Schreibabys gibt es viele Anlaufstellen bei Kinderärzten, Therapeuten und Beratungsstellen. Adressen findest du hier in unserer Rubrik „Angebote vor Ort".

- Wenn du kein Netzwerk durch Familie oder Freunde hast, kannst du die praktische Hilfe von wellcome oder ähnlichen Ehrenamtsprojekten anfragen. Auch danach kannst du hier in unserer Rubrik „Angebote vor Ort" suchen.

Leider existieren noch immer völlig veraltete Meinungen über den richtigen Fütter-Rhythmus von Babys. Obwohl Experten längst das Gegenteil gezeigt haben, behaupten noch immer manche Kinderärzte oder Hebammen, man dürfe Babys nur alle vier oder sogar nur alle fünf Stunden Milch geben. Das solltest du wissen:

- Der Magen eines Säuglings ist nach der Geburt etwa so groß wie eine Murmel und wächst dann langsam. Auch mit ein paar Monaten ist er noch deutlich kleiner als der eines Erwachsenen. Wenn wir also einem Baby nur erlauben, alle vier oder fünf Stunden zu trinken, dann ist das etwa so, als würde man uns nur zwei Mahlzeiten am Tag erlauben – einmal morgens, einmal abends.

  Mag sein, dass einige Menschen damit auskommen, doch die meisten haben dann spätestens am frühen Nachmittag ein großes Loch im Bauch und fühlen sich ziemlich schlapp und unzufrieden. Babys müssen bei so großen Abständen sehr große Mengen auf einmal trinken, um noch eine Chance zu haben, satt zu werden – und diese großen Mengen belasten den kleinen Magen sehr. Das führt oft zu Bauchschmerzen und Blähungen.

- Früher hieß es, dass ein gewisser Abstand zwischen den Mahlzeiten nötig sei, damit keine unverdaute Milch auf verdaute Milch trifft. Diese Annahme hat sich aber wissenschaftlich nie bestätigen lassen und gilt als veraltet.

- Inzwischen sind sich alle kompetenten Fachleute einig darüber, dass Muttermilch und Premilch nach Bedarf des Babys gefüttert werden sollten. Auf 1er-Milch und andere Folgemilch sollten Eltern möglichst verzichten (zumindest im ersten halben Jahr, die meisten Babys kommen aber auch danach besser mit Premilch aus), weil sie zusätzliche Zuckerarten enthält, die schwerer zu verdauen ist. Wegen diesem zusätzlichen Zucker ist es mit Folgemilch tatsächlich möglich, ein Baby zu „überfüttern".

- Deshalb unser Tipp: Stillen oder Premilch geben und sich ganz nach dem Bedarf des Babys richten. Das bedeutet bei einigen Babys, dass sie etwa alle zwei Stunden trinken, anfangs sogar manchmal noch öfter. Und anderen, meist älteren Babys, reicht es, alle drei bis vier Stunden zu trinken. Und nicht selten wechseln die Abstände auch immer mal wieder.

- Es gibt viele Gründe, weshalb der Milch-Bedarf von Babys schwankt: Babys haben Wachstumsschübe, in denen sie mehr Hunger haben als sonst. Oder sie sind gerade gestresst, weil sie etwas Neues lernen und sind deshalb hungriger. Oder sie sind krank oder es ist heiß...

- Beim Stillen ist das Wiegen des Babys vor und nach den Mahlzeiten in der Regel unnötig. Wenn man aber abpumpt oder die Flasche gibt, spielen Mengen eine gewisse Rolle. Die erfahrene Kinderkrankenschwester Lucia Cremer gibt folgende Empfehlungen: Am ersten Lebenstag füttert man nur bis zu etwa 30 ml pro Mahlzeit, am 2. Tag bis zu 40 ml, am 3. Tag bis zu 50 ml und steigert diese Menge bis zu etwa 80 ml am sechsten Tag und etwa 100 ml in der zweiten bis achten Lebenswoche.

Im dritten Lebensmonat eignen sich etwa bis zu 130 ml pro Mahlzeit, im vierten bis zu 170 ml und ab dem fünften Monat bis zu 200 ml. Dabei handelt es sich um ungefähre Richtwerte. Zur Fütter-Häufigkeit erklärt Frau Cremer ebenfalls, dass diese zwischen ca. 5 und 12 Mahlzeiten in 24 Stunden variieren können, dass aber häufige, kleinere Mahlzeiten besser verträglich sind. Die Gesamtmenge in 24 Stunden sollte ungefähr 1/6 des Gewichst des Babys entsprechen – das sind bei normalgewichtigen Neugeborenen meist ca. 500-670 ml, bei einem Gewicht von 5000 Gramm ca. 833 ml und bei einem Gewicht von 6000 Gramm ca. 1000 ml als ungefähre Höchstgrenze. Doch wie gesagt, in Wachstumsschüben, bei Infekten oder anderen Besonderheiten kann der Bedarf durchaus mal steigen.

- Nicht immer ist klar zu erkennen, ob ein Baby Hunger hat. Wenn es Kopf und Mund bewegt, als würde es „suchen" oder an seiner Hand saugt, ist das ein Anzeichen. Manche fangen aber auch nur an zu weinen oder zu quengeln. Und manchen Neugeborenen muss man Milch öfter mal anbieten, weil sie ihren Hunger noch „verschlafen". Wenn dein Baby keine klaren Signale sendet, musst du ausprobieren, was es bei Unruhe braucht. Wenn dein Baby jünger als vier Monate ist und unruhig wird, quengelt oder weint und die letzte Mahlzeit etwa zwei Stunden oder länger her ist, dann biete ihm Milch an.

- Wenn es erst vor einer Stunde getrunken hat, kannst du auch erst einmal überlegen, ob es evtl. müde ist, einen wunden Po hat o.ä. Wenn es sich von selbst nur selten meldet, sind Abstände von zwei bis drei Stunden oft am besten. Wenn es Bauchschmerzen oder Blähungen hat, dann kannst du versuchen, ihm lieber alle zwei Stunden etwas anzubieten. Wenn es natürlich gerade schläft, musst du es nicht wecken, nur, weil zwei Stunden vorbei sind.

- Bei gestillten Babys ist es in den ersten Lebenswochen nicht ungewöhnlich, dass sie an einigen Tagen stündlich trinken oder für einige Stunden gar nicht mehr von der Brust wegwollen. Das nennt man „Cluster-Feeding" und hilft, die Milchproduktion an den Bedarf des Babys anzupassen. Mach' es dir dann, wenn möglich, einfach mit deinem Baby bequem, lass' es trinken und genieße die Zeit mit Schlummern, Lesen oder einem Hörbuch.

Die meisten Babys werden in diesem Alter deutlich wacher und neugieriger. Sie schlafen nicht mehr ganz so viel und beginnen, die Welt immer interessierter zu erkunden. Das ist unglaublich bezaubernd und beglückend – allerdings sollte man dabei beachten: Oft schlafen Säuglinge nun nicht mehr einfach „von selbst" ein, wie es in den ersten Lebenswochen häufig der Fall ist. Sie brauchen nun deine Unterstützung, um zur Ruhe zu finden, denn regelmäßige Schläfchen auch am Tag sind nach wie vor wichtig.

- Nach etwa anderthalb Stunden Wachzeit (ab ca. 8-10 Wochen sind oft auch zwei Stunden okay) wird es Zeit für ein Nickerchen. Wichtig ist, dass es sich dabei auch tagsüber nicht nur um kurze „Power Naps" handelt, sondern, dass dein Baby zumindest zwei bis drei Mal am Tag anderthalb Stunden oder länger schläft. Nur so kommt es auch mal länger in den Tiefschlaf, was wichtig für die Erholung ist.

- Um das zu erreichen, ist es sinnvoll, das Zimmer auch tagsüber abzudunkeln und sich zumindest für eine Weile ein- oder zwei Mal am Tag mit dem Baby zusammen schlafen zu legen. So fühlen sich die Kleinen sicherer und gewöhnen sich an längere Schlafenszeiten. Wenn ein Nachtlicht nötig ist, dann am besten ein rotes, weil das die Produktion des Schlafhormons Melatonin weniger stört.

- Orientiere dich an dem Müdigkeitszeichen, die du schon kennst: Augenreiben, starrer Blick, glasige Augen, Kopf wegdrehen, quengeln, ruckartige Bewegungen.

- Aber Vorsicht: Nicht alle Babys zeigen so deutliche Signale. Schau' also auch auf die Uhr und biete deinem Baby spätestens nach anderthalb bis zwei Stunden Wachzeit ein Nickerchen an.

- Auch in diesem Alter ist es noch völlig in Ordnung, wenn dein Baby beim Stillen oder an der Flasche oder auf dem Arm einschläft. Auch Tragen durch den Raum ist okay, allerdings sollte man das möglichst nicht als feste Gewohnheit etablieren, weil das mit zunehmendem Gewicht des Kindes zunehmend anstrengend wird.

Das Wochenbett ist vorbei und du bist vermutlich immer mehr mit deinem Baby unterwegs. Achte darauf, dass ihr noch genügend ruhige Kuschelzeiten zuhause habt und versuche, dein Baby mindestens einmal am Tag in einem Tragetuch oder einer Tragehilfe zu tragen – das gibt ihm Geborgenheit und fördert seine Entwicklung. Auch Massagen sind weiterhin sinnvoll.

- Sei geduldig: auch wenn dein Baby sich jetzt täglich verändert – du bist und bleibst sein Halt im Leben. Nimm dir nicht zu viel vor, plane viel Zeit mit deinem Baby ein, die ihr „nur so" miteinander verbringt.

- Da dein Baby jetzt schon wacher ist und sich auch bewegen möchte, kann es Zeit für eine andere, neue Tragehilfe werden. Eine passende Tragehilfe ermöglicht dir auch, gemeinsam mit deinem Baby leichte Hausarbeiten zu erledigen, ohne diese ständig unterbrechen zu müssen, weil dein Baby deine Nähe sucht und weint.

- Für Babys ab acht Wochen gibt es Babymassagekurse. Das tut nicht nur deinem Baby gut, sondern auch dir selbst, weil du dort andere Mütter kennenlernen und dich mit ihnen austauschen kannst. In der Rubrik „Angebote vor Ort" kannst du nach Babymassagekursen in deiner Umgebung suchen.

- Denke auch an deine eigene Erholung, damit du wieder Kraft für dein Baby hast: Die meisten Babys fremdeln in diesem Alter noch nicht, sodass du einer vertrauten Person ohne Probleme dein Baby eine Weile überlassen kannst. Ein Kinobesuch, ein Abendessen mit deinem Partner o.ä. ist meist gut machbar, wenn die Stillabstände das zulassen.

In diesem Alter erreicht das Schreien meist seinen Höhepunkt – tröste dich also damit, dass das Schlimmste bald überwunden sein dürfte!

- Biete deinem Baby ruhig weiter ca. alle zwei Stunden Milch an – es sei denn, du merkst, dass es etwas größere Abstände zwischen den Mahlzeiten bevorzugt. Und natürlich musst du es nicht wecken, wenn es schläft, nur weil zwei Stunden vorbei sind.

- Wenn du stillst kannst du überprüfen, ob du Zusammenhänge zwischen Unruhe und deiner Ernährung entdeckst: Wie hoch ist dein Koffeinkonsum? Bei sensiblen Babys kann schon eine Tasse Kaffee oder Schwarzer Tee zu viel sein – steige doch mal versuchsweise auf die koffeinfreie Variante um und schau', ob das einen Unterschied bewirkt.

- Vielleicht hat sich die Darmflora aber auch noch nicht richtig eingespielt und bereitet deinem Baby Blähungen und Bauchschmerzen? Dann kann es sinnvoll sein, ihm ein für Säuglinge geeignetes probiotisches Nahrungsergänzungsmittel zu geben – informiere dich dazu am besten in der Apotheke. Wenn das nicht hilft, kann ein entschäumendes Mittel für 10 - 14 Tage zu jeder Mahlzeit helfen, die Luft im Bauch zu reduzieren.

- Begleite dein Baby sangt durch die Schreiphase. Manchen Babys helfen Federwiegen, Bauchmassagen und

Tragen. Lass dir von deinem Partner oder einer anderen vertrauten Person helfen, damit du in den besonders anstrengenden Zeiten zwischendurch Luft holen kannst.

- Und noch einmal: hol dir Hilfe. Unter dem Suchwort „Schreiberatung" findest du bei ElternLeben.de Anlaufstellen, die dir helfen. Denke daran: Schütteln kann tödlich sein!

Nicht immer hat dein Baby jetzt Hunger, wenn es an die Brust oder die Flasche möchte. Schau genau hin!

- Wenn dein Baby ab dem Alter von ca. 10 Wochen immer noch sehr häufig öfter als alle zwei Stunden trinken will und ansonsten gesund entwickelt ist, solltest du dich fragen: nutzt es das Trinken evtl. als Beruhigungshilfe?

- In den Abendstunden trinken Babys manchmal sehr lange und oft, um sich auf eine längere Essenspause vorzubereiten, was ja in Ordnung ist. Wenn dein Kind aber den Tag über auch extrem häufig an die Brust will, könnte es sein, dass es das Stillen als ständige Beruhigungsstrategie nutzt und auch du dir angewöhnt hast, auf Weinen sehr schnell mit Stillen zu reagieren.

- Babys tut es aber in der Regel gut, auch mal im Arm der Eltern weinen zu dürfen. So können sie Stress und Anspannung verarbeiten – sie können ja nicht, wie wir, über ihre Erlebnisse reden.

- Wenn dein Baby also auch in diesem Alter tagsüber noch ständig an die Brust will, versuche mal, ihm stattdessen das Weinen in deinem Arm zu erlauben und es einfach liebevoll zu begleiten.

Oft pendelt sich in diesem Alter langsam ein Rhythmus ein. Zwei bis drei Tagesschläfchen pro Tag sind für die meisten Babys passend, wobei mindestens ein bis zwei länger dauern sollten (wenigstens anderthalb Stunden). Denn wenn dein Baby sich angewöhnt, nur viele kleine „Power Naps" von 15 – 30 Minuten zu machen, dann kommt es tagsüber kaum in den Tiefschlaf. Das führt zu Überreizung und die wiederum bewirkt schlechte Laune und oft auch nächtliche Schlafprobleme.

- Den Schlaf am Tag kann man meist gut verlängern, indem man sich einmal am Tag dazu legt und selbst schläft oder per Kopfhörer ein Hörbuch genießt. Auch Dunkelheit am Tag ist förderlich für ein längeres Nickerchen.

- Das Alter von drei bis vier Monaten stellt beim Schlafen einen wichtigen Übergang dar: In dieser Phase sollten Eltern langsam beginnen, mit ihrem Baby ein gewisses Maß an Eigenständigkeit beim Schlafen einzuüben. Es ist nicht schlimm, wenn dein Kind ab und zu an der Brust oder Flasche einschläft. Suche aber nach Gelegenheiten, ihm beizubringen, auch ohne diese Hilfe ins Reich der Träume zu finden.

- Tragen sollte kein ständiger Ersatz sein, da das auf Dauer auch sehr anstrengend wird. Wenn dein Baby ein oder zwei Nickerchen im Tragetuch macht, ist das wunderbar, aber es wäre gut, wenn es auch an einem Nickerchen am Tag oder zumindest beim Abendschlaf die Erfahrung macht, dass es in seinem Bettchen einschläft.

- Das geht meist am besten, indem man im dunklen Raum mit dem Baby kuschelt, bis es ruhig und schläfrig wird. Notfalls anfangs kurz herumtragen oder schaukeln, aber das möglichst nur, bis dein Kleines ruhiger wird – die Hilfen sollten schrittweise reduziert werden. Wenn dein Kind kurz davor ist, einzuschlafen, legst du es in sein Bettchen und beruhigst es dort weiter, indem du es streichelst. Sobald das gut funktioniert, kannst du es nach dem Kuscheln und Ablegen nur noch kurz streicheln und dann einschlafen lassen, während du nur noch daneben sitzt / stehst.

- Am besten fängst du im Alter von drei Monaten an, dieses Vorgehen immer mal wieder zu üben – ohne Druck. Denn ab dem sechsten Lebensmonat wird es oft schwieriger, weil dann Trennungsängste häufig zunehmen.

Zwischen fünf und sieben Monaten beginnt meist das Fremdeln (in einigen Ausnahmen auch schon früher). Die Kleinen sind dann sehr auf ihre Bezugspersonen fixiert und lassen sich nicht mehr einfach von jedem auf den Arm nehmen. Manchmal weinen sie sogar, wenn eine fremde Person sie anspricht. Eng damit verbunden ist die Trennungsangst: Babys in diesem Alter spüren nun schnell Angst, wenn sie ihre Eltern nicht mehr sehen.

- Nimm' dieses Nähebedürfnis ernst, indem du viel Zeit mit deinem Baby verbringst und Körperkontakt ermöglichst.

- Wenn es neue Menschen kennenlernt, dann respektiere seine Zurückhaltung und erwarte nicht, dass es sich direkt von ihnen anfassen oder betreuen lässt.

- Auch, wenn du im Café mit einer Bekannten „mal eben auf Toilette" willst und es anfangs kein Problem war, das Baby bei der Bekannten zu lassen – das kann einem Kind in diesem Alter große Angst einjagen. Es weiß schließlich nicht, dass du gleich wieder zurück bist! Deshalb nimm dein Kind auch für solche kurzen Zeiten lieber mit. Eine Soft-Tragetasche aus einem Kinderwagen leistet dazu oft gute Dienste – sie ist rückenfreundlicher für Eltern und Kind und du kannst dein Baby darin kurz ablegen.

- Wenn die Trennungsangst auch zuhause sehr stark ist, kannst du versuchen, diese durch „Guck-Guck-Spiele"

etwas zu mildern: Verstecke dich beim Spielen für we-
nige Sekunden hinter einem Kissen oder einer Tür und
komme dann lachend wieder. Wenn aber schon das
dein Baby in Panik versetzt, lass' es lieber sein und versuche es in ein bis zwei Wochen erneut.

Bei den meisten Babys ist das schlimmste Schreien nun über-standen. Es kann aber noch Schreiphasen geben, besonders abends oder, wenn dein Baby tagsüber überreizt ist.

- Achte auf genügend Schlaf und vermeide, wenn du die Flasche gibst, auf Folgenahrung umzusteigen. Diese ent-hält zusätzliche Stärke, die Unruhe verursachen kann. Bleibe lieber bei Premilch, die ist für das gesamte erste Lebensjahr optimal.

- Vielleicht schreit oder jammert dein Baby nun auch ver-mehrt, wenn es sich langweilt. Babys können sich meist noch nicht allzu lange selbst beschäftigen, das ist nor-mal. Übe aber zwischendurch immer wieder kurze Zei-ten (5 - 10 Minuten), in denen du in der Nähe und sicht-bar bist, aber dich mit einer eigenen Aufgabe beschäf-tigst, damit dein Baby sich daran gewöhnt, nicht kon-stant „bespaßt" zu werden.

- Beim Spielzeug gilt die Devise „Weniger ist mehr" - lege immer nur zwei bis drei Spielzeuge in die Nähe deines Babys, damit es vor lauter Auswahl nicht überfordert ist. Wechsle dieses immer mal wieder, damit es interessant bleibt.

- Mit 5 - 7 Monaten werden Babys oft noch einmal unru-higer, weil mit Drehen, Robben und Krabbeln so viel Neues passiert, das ziemlich aufregend ist.

- Falls du nicht mehr kannst, weil du keine Besserung merkst: hol dir Hilfe. Unter dem Suchwort „Schreiberatung" findest du bei ElternLeben.de Anlaufstellen, die dir helfen. Denke daran: Schütteln kann tödlich sein!

Noch immer wird behauptet, dass Babys ab einem Alter von sechs Monaten nachts keine Nahrung mehr brauchen. Es mag stimmen, dass ein gesundes Baby nicht verhungern wird, wenn es nachts keine Milch bekommt. Das bedeutet aber nicht, dass es keinen Hunger verspürt. Deshalb solltest du von deinem Baby in diesem Alter nicht verlangen, 12 Stunden ohne Milch auszukommen.

- Du kannst aber versuchen, die Abstände im Alter von sechs Monaten auf fünf Stunden zu erhöhen und, wenn es acht bis neun Monate ist, auf sechs Stunden und ein paar Monate später auf acht Stunden. All das sind natürlich nur grobe Richtwerte zur Orientierung.

- Hier gilt es, ein wenig auszuprobieren, aber auch auf die individuellen Bedürfnisse des Babys zu hören. So kann es wieder mehr Hunger haben, wenn es zahnt, krank ist oder andere Veränderungen erlebt.

Mit 8-10 Monaten haben die meisten Babys weiter gewisse Trennungsängste und das kann auch den Schlaf erschweren. Denn Schlaf bedeutet auch einen Abschied – besonders, wenn er nicht im Arm der Eltern stattfindet.

- Erwarte also nicht, dass dein Kind schon die Nacht allein durchschläft – es ist normal, dass es noch viel Nähe braucht, um sich sicher zu fühlen und schlafen zu können.

- Für die meisten Babys sind nun ein Vormittags- und ein Nachmittagsschläfchen passend – zumindest eines sollte möglichst anderthalb Stunden oder länger dauern, damit dein Kleines auch mal tagsüber im Tiefschlaf ist und sich richtig erholen kann.

- Manche Babys stellen sich ab ca. 10 Monaten auf einen längeren Mittagsschlaf um – auch das ist ok. Wenn du aber merkst, dass dein Kind dann am frühen Abend extrem müde ist, kann es besser sein, den Mittagsschlaf etwas vorzuverlegen (z.B. auf 10:30 Uhr oder 11:00 Uhr) und dann gegen 15:30 Uhr nochmal ein kleines Nickerchen anzubieten.

- Wichtig ist in jedem Fall, dass möglichst drei bis dreieinhalb Stunden zwischen letztem Nickerchen und Abendschlaf liegen.

Die entwicklungsbedingten Trennungsängste deines inzwischen unternehmungslustigen Babys führen meist zu einem großen Nähebedürfnis.

- Unter 11-12 Monaten wäre es daher gut, wenn du auf längere Fremdbetreuung verzichten kannst und noch viel selbst für dein Kind da bist oder eine sehr vertraute Person.

- Kurz vor dem ersten Geburtstag werden dann viele Kinder wieder offener und neugieriger auf das, was die Welt zu bieten hat. Dennoch empfehlen wir dir, wenn du wieder arbeiten möchtest, das Betreuungsangebot sorgsam auszuwählen.

- Für viele Kleinkinder ist der Alltag in einer Krippe mit Gruppen von ca. 15 Kindern extrem stressig. Hinzu kommt, dass in Krippen die Bezugspersonen immer mal wieder wechseln, was generell nicht zum Bindungsbedürfnis von unter Dreijährigen passt.

- Deshalb: Informiere dich, ob es in deiner Nähe eine gute Tagesmutter oder z.B. eine Elterninitiative mit kleineren Gruppen gibt. Wenn es doch die Krippe wird und du ein gutes Gefühl hast, kann aber auch das funktionieren – jedes Kind reagiert unterschiedlich sensibel.

- Wichtig ist in jedem Fall, genügend Zeit für die Eingewöhnung einzuplanen. Bleibe mindestens vier Tage ganz dabei, damit dein Kind die Tagesmutter in Ruhe kennenlernen und Vertrauen aufbauen kann. Du kannst dich Tag für Tag etwas mehr zurückziehen, aber solltest für dein Kind noch sichtbar sein. Die erste Trennung sollte auf keinen Fall heimlich stattfinden – verabschiede dich kurz, aber liebevoll und komme nach 5-10 Minuten wieder. Wenn das gut klappt, kannst du deine Abwesenheitszeiten schrittweise steigern.

- Auch du selbst brauchst vielleicht noch etwas mehr Nähe und willst dich noch nicht trennen, weil du merkst, dass dein Baby noch nicht soweit ist. Dein Baby wird das spüren. Überlege in einem solchen Fall, ob du nicht mit deinem Arbeitgeber über eine begrenzte Verlängerung der Elternzeit sprechen möchtest. In wenigen Wochen kann sich so viel verändern, dass bei besonders sensiblen Kindern ein „Nachschlag" sinnvoll sein kann.

Wenn dein Baby in diesem Alter noch immer sehr viel schreit, empfehlen wir dir, dir Beratung vor Ort zu suchen. Adressen gibt es hier auf der Plattform oder du erkundigst dich in unserer Onlineberatung . Achte darauf, dass dein Baby auch in diesem Alter noch keine Medien nutzt. Ausnahmsweise mal ein Bild oder ein dreiminütiges Video auf dem Handy ist ok, sollte aber nicht täglich stattfinden.

- Regelmäßige Medienzeiten sollte es frühestens mit zwei Jahren geben und dann auch maximal 20 Minuten am Tag. Denn Medien führen schnell zu einer Überreizung des Gehirns, die sich in Schrei- und Schlafproblemen bemerkbar machen kann.

- Manchmal beginnen Babys in diesem Alter, nachts aus dem Schlaf aufzuschreien, ohne, dass sie richtig wach sind. Dann könnte es sich um den Nachtschreck handeln. Weitere Informationen hierzu findest du in einem Artikel auf unserer Plattform bei **www.elternleben.de** unter dem Titel: **„Nachtschreck bei Kindern"**.

- Mit 10 - 12 Monaten schaffen es manche Babys schon ohne nächtliche Milch, manche brauchen aber noch einmal pro Nacht eine Milchmahlzeit, das ist individuell ganz unterschiedlich. Bei gesund entwickelten, normal schweren Babys, reicht ab ca. 10 Monaten eine Mahlzeit pro Nacht, während manche mit 8 - 9 Monaten noch zweimal Milch trinken möchten. Bis zum Alter von 18 - 20 Monaten darf man die nächtliche Mahlzeit ruhig zugestehen, sollte aber darauf achten, dass das Baby nachts nicht mehr wie in den ersten Lebensmonaten alle paar Stunden trinkt.

- Ein Haferbrei am Abend ist eine gute Möglichkeit, den Schlaf zu unterstützen, denn Hafer fördert die Ausschüttung des Schlafhormons Melatonin. Sei vorsichtig bei speziellen „Gute Nacht"- Breien zum Anrühren, oft enthalten diese zuckerähnliche Stoffe wie Molkepulver, Saftkonzentrat, Maltodextrin o.ä., die den Schlaf stören können. Nimm' lieber natürliche Produkte mit möglichst wenig Zusätzen oder „Hafer pur"-Breie aus dem Glas, ebenfalls ohne unnötige Zusätze. Um ein wenig zu süßen, kannst du zwei bis drei Löffelchen Obstbrei untermischen.

Wir empfehlen weitere Handbücher von ElternLeben.de rund ums Thema Baby und Kleinkind:

Babyschlaf-HANDBUCH
Für ruhige Nächte mit deinem Baby

Dein Baby wacht nachts häufig auf, schläft nur auf dem Arm ein oder hat einen sehr unruhigen Schlaf? Du bist völlig erschöpft und weißt manchmal nicht mehr, wie du das durchhalten kannst? Mit dieser Erfahrung bist du nicht allein! Das Ein- und Durchschlafen beschäftigt fast alle Babyeltern. Die Gründe für schlechten Babyschlaf können vielfältig sein! Der Tages- oder Stillrhythmus, die Umgebung, gesundheitliche Gründe, Unruhe nach der Geburt und vieles mehr. In der Online-Beratung von ElternLeben.de erhalten wir dazu viele Fragen übermüdeter und verzweifelter Eltern. Deswegen haben wir das Babyschlaf-Handbuch entwickelt!

Erhältlich bei www.tredition.de / www.elternleben.de oder im Handel / ISBN 978-3-7497-3386-6 / Seitenanzahl: 84

Spielen, Lernen, Wachsen
Dein Alltag mit Kleinkind

Durch das rasante Wachstum unserer Kleinkinder wird der Alltag in der Familie immer wieder verändert. Dies ist für viele Eltern eine Herausforderung: Wie gelingt es, das Chaos im Kinderzimmer zu bändigen? Warum beginnt jeder Morgen so stressig? Ab wann können sich Kinder eigentlich alleine anziehen? Warum ist mein Kind so schüchtern? Und die zentrale Frage: Was kann ich konkret tun, um mein Kind gut zu begleiten und dabei selbst nicht auf der Strecke zu bleiben?

Kindliches Verhalten verstehen und den Alltag anregend gestalten – dies bietet dieses Handbuch.

Erhältlich bei www.tredition.de / www.elternleben.de oder im Handel / ISBN 978-3-7497-7494-4 / Seitenanzahl: 104

Wir empfehlen den Online-Rückbildungskurs von ElternLeben.de (10 Videos)

Dein Rückbildungskurs für zuhause!
Unter der Leitung von Karin Hackbarth, Hebamme.
Dieser Kurs stärkt dein Körpergefühl und macht dich fit für die Zeit nach der Geburt.
Erhältlich im shop von www.elternleben.de
Der Kurs bietet:

- 10 Kurseinheiten à ca. 45 Minuten
- Dauerhafte Verfügbarkeit – bequem von zuhause aus
- Wiederholungen der Übungen nach Bedarf
- Beckenbodenübungen
- Bauchmuskeltraining
- Stärkendes Muskeltraining
- Übungen für den Rücken
- Gleichgewicht und Koordination
- Bewegung für Mutter und Kind